十字架，你到现在是怎么看待它的？

글 차성진 · 그림 이단비 · 번역 진보라

아바서원

**덕정의 아이들에게
맘 깊이 감사를 표하며**

在此向德定的孩子们致以深深的谢意

1篇
1부

回到家, 把包扔到地上后, 身体软趴到沙发上
집에 오면 가방은 바닥에 던지고 몸은 소파에 던진다.

然后在呼气的同时, 整天上扬的颧骨也无情地低垂下来。
그리고 내쉬는 한숨과 함께 한껏 올리고 다녔던 광대도 땅바닥까지 내려본다.

为什么只要一打开家门, 心情就会变得如此平静呢?
집 현관문을 연 것만으로도 이토록 마음이 편안해지는 이유는 뭘까?

只因那是我家? 不, 其实这房子的主人另有他人。
단순히 내 집이라서? 아니 사실은 집주인은따로 있는걸.

因为家是唯一一个可以放下从出门的间开始遮盖我真实面貌的地方。
집은, 외출하는 순간부터 내 얼굴을 덮었던 가면을 내려놓을 수 있는 유일한 곳이기 때문이다.

我们为了讨好别人, 而时常需要伪装自己。
因为我知道自己是多么一个让人不可接受的人
우리는 사랑 받기 위해서 늘 가면을 쓴다.
내가 얼마나 용납받지 못할 인간인지 알기에.

越是直视自己的内心, 就需要更多更厚的假面具去伪装自己。
내 내면을 솔직히 바라볼수록 그 가면은 더욱더 두꺼워져 간다.

想要讨好别人的心越是恳切, 双手就越用力按压假面具,
使假面具紧贴脸部去伪装。
사랑받고 싶다는 마음이 간절할수록 양손으로 가면을 더 꾹 눌러 얼굴에 밀착시킨다.

归根结底, 我们是为了欺骗他人来获取其同情心的卑微生物。
결국, 우리는 남을 잘 속일수록 사랑받는 불쌍한 생물들이다.

有句有关爱情的名言。

사랑에 대한 유명한 격언이 있지.

"真正的爱就是爱他(她)现在的样子。"

"사랑은 있는 그대로를 사랑하는 것이다."

在人与人之间的爱,
그러니까 사람에 대한 사랑을 예로 들었을 때,

不是爱他(她)的外貌,
能力, 财产, 性格等 "条件性" 的爱,

외모, 능력, 소유, 성격 같은 '가치'를 사랑하는 것이 아니라

(欧巴, 你为什么喜欢我?)

和其他的东西无关,
爱他(她)'现有的样子',
那才是真正的爱。

그것에 상관없이 '있는 그대로'를 사랑하는 것,
이게 진짜 사랑이라는 거지.

但

그런데...

那种爱情确实存在吗?

그런 사랑이 가능한가?

因为我们也是看'条件'来爱

우리도 '가치'를 보고 무언가를 사랑하니까.

在找男女朋友的时候也是一样

연인을 찾을 때도 마찬가지고

交朋友的时候也是同个道理。

친구를 사귈 때도 그렇고

甚至是长的漂亮或可爱的动物更受到大家的喜爱。

심지어 동물도 예쁘고 귀여운 친구들이 사랑받지.

就算上最无私的父母的爱也是如此，

사랑 중에 최고라는 부모님의 사랑조차도

但有时,
对子女的评价也会随之动摇

때로는 자녀의 가치에 따라 흔들리는 경우도 많지.

**是的，我们都知道，
能爱他现在的样子是最好的。**

그래, 맞아.
있는 그대로를 사랑하는 것이 좋은 건 알겠지만

但在现实中那种爱几乎是不可能的。

사실 그런 사랑은 불가능에 가까운 것 같아.

人们最终会随着自己的条件去爱一个人。

사람들은 결국 가치에 따라서 누군가를 사랑하지.

그래, 너는 어떤 가치가 있지? (对了, 你具有啥条件来着?)

那么
그러면

究竟我是一个拥有被爱资格的人吗?

나는 과연 사랑받을 수 있는 존재일까?

让我们来想象一下假设有台摄像机一直在我的 头部周围进行拍摄。

내 머리 주변을 몰래 맴도는 카메라가 있다고 생각해 보자.

누군가가 날 몰래 보는 거 같애
(好像有谁一直在偷看我)

该摄像机对我们进行
24小时不停的拍摄

이 카메라는 우리의 24시간을 촬영하고

甚至连我们的想法也一起 记录下来的话

심지어 우리가 하는 생각도 기록해 놓지.

09:30 金部长这次最好在饮水机前摔倒.
14:25 好烦躁,看那女孩长的就一狐狸脸,还以为自己有多厉害来着?
18:17 挖...瞧那身材...哇...辣的不行...我的天啊...

那么, 你能把这拍摄的视频给谁看吗?

자, 너는 이 카메라를 누군가에게 보여줄 수 있겠니?

朋友?家人?
男(女)朋友?或是同事?

친구? 가족? 연인? 동료?

或是完全能包容我一切的父母？

혹은 나를 다 이해하시는 부모님???

绝对不可以给任何人看。

절대 보여줄 수 없을 거야.

因为我知道自己是一个多坏的人。

나는 내가 얼마나 나쁜지 스스로 너무 잘 알고 있거든.

虽然表面上可以装作没关系,
假装好人,

겉으로는 문제없는 척, 좋은 사람인 척 살고 있지만

但我心里有很多只有
自己知道的坏心肠。

내 안에는 나만 알고 있는 악한 마음이 정말 많으니까.

如果其他人知道我的真面目之后，
或许就不会 有人会愿意喜欢我。

진짜 내 모습을 안다면 나를 사랑할 사람은 많지 않을 거야.

（嘟嘴, 不高兴）

所以我们今天也需要伪装自己。

그래서 우리는 오늘도 가면을 쓰지.

(今天该 用哪个面具来伪装自己呢)

假装不淫荡, 假装不生气,
假装不贪心, 假装不嫉妒, 假装不想他死,

음란하지 않은 척, 분노하지 않은 척,
욕심나지 않은 척, 질투 나지 않는 척, 죽이고 싶지 않은 척...

因为就算'值得被爱的条件'是假像
也要做出来让人看。

'사랑받을 만한 가치'를 가짜로라도 만들어야 하니까.

就那样把真正的自我藏得严严实实的活着！

그렇게 진짜 나를 꼭꼭 숨기면서 살아가지!

但是,
以那种状态过日子的时候,

그런데, 그렇게 살다 보니

문득...
'진짜 나'에
대한 두려움이
몰려올 때가 있어.

**某天突然会对
"真正的自我"产生恐惧感。**

如果有人发现我的真面目怎么办?
如果我爱的人知道我真正的样子的话,
会是什么反应呢?
我的坏心肠会不会被发现呢?

我是一个…

나는...

有资格被爱的存在吗？

과연 사랑을 받아도 되는 존재인가?

恐惧感和空虚感会突然将我覆盖。

문득 두려움과 공허가 밀려오는 것 같아.

但是, 你要知道

그런데, 있잖아.

我想告诉大家一个
'愿意接受你现在样子'的人的故事。

'있는 그대로'의 사랑을 가진 누군가의 이야기를 들려주고 싶어.

因为他比我们还了解我们想要伪装的面目

감추고 싶은 우리의 모습을 나보다 더 잘 알고 있으면서도

和爱我们现在的样子。

우리를 '있는 그대로' 사랑한 그분의 이야기를.

小组分享
소그룹 나눔 질문

- 你认为'爱他现在的样子'的爱，世上真的存在吗?
  '있는 그대로'의 사랑이 정말로 가능할까?

- 你有哪些面具去伪装自己?
  내가 쓰는 가면들은 어떤 것이 있을까?

- 你有哪些最不想让他人知道的真正面目?
  내가 가장 감추고 싶은 나의 모습은 어떤 것들일까?

2篇
2부

人类的软弱是用任何办法都无法轻易解释的。
인간의 악함은 어떤 방식으로도 쉽게 설명되지 않는다.

由于世上的资源有限,
为了争夺有限的资源不得不使恶,
세상의 자원이 한정적이기에 그것을 놓고 경쟁하다 보니
어쩔 수 없이 악이 태어났다고 하는데,

在很多时候,人类即使填饱了自己的肚子也会使恶,
即使明知某些恶会危及自己,也会毫不犹豫地去做。
인간은 배가 불러도 악을 행하고
어떤 악은 자기를 위험하게 만들 걸 알면서도 서슴지 않고 행할 때가 많다.

这个难以去解释的恶名怎么会进入我们里面的呢?
이 설명하기 어려운 악함은 어쩌다가 우리 마음속에 들어왔을까?

也许我们在寻找这难以解释的恶名的时候会发现,
어쩌면 이 설명하기 어려운 악함의 원인을 찾고 찾고 찾다 보면

是不是让我们想起起初发生在我们身上的事情呢?
태초에 우리에게 일어났던 일들을 알 수 있게 되지 않을까?

我们是什么样的存在?
是怎么形成,又该做出何种选择的存在呢?
우리는 어떤 존재들일까?
어떻게 만들어졌고, 어떤 선택을 한 존재들일까?

在2000年前的'各各他'里

2000년 전 '골고다'라는 곳에서

一个男人被判十字架刑后死了。

한 남자가 십자가형을 선고받고 죽음을 맞이했어.

但这个十字架刑太可怕了!
근데 이 십자가형이란 게 참 끔찍해.

在被绑十字架之前，
用鞭子鞭打罪人，

우선 십자가에 달리기 전에 죄인을 채찍으로 내려치는데

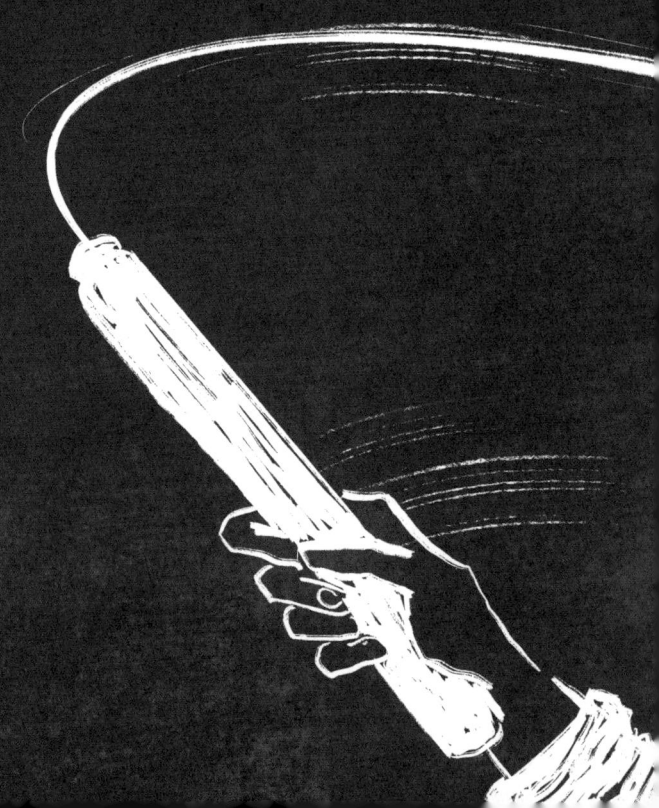

那鞭子的顶部挂着用骨头做的钩子和铁片。

그 채찍 끝에는 뼈로 만든 갈고리와 쇳조각들이 달려 있어.

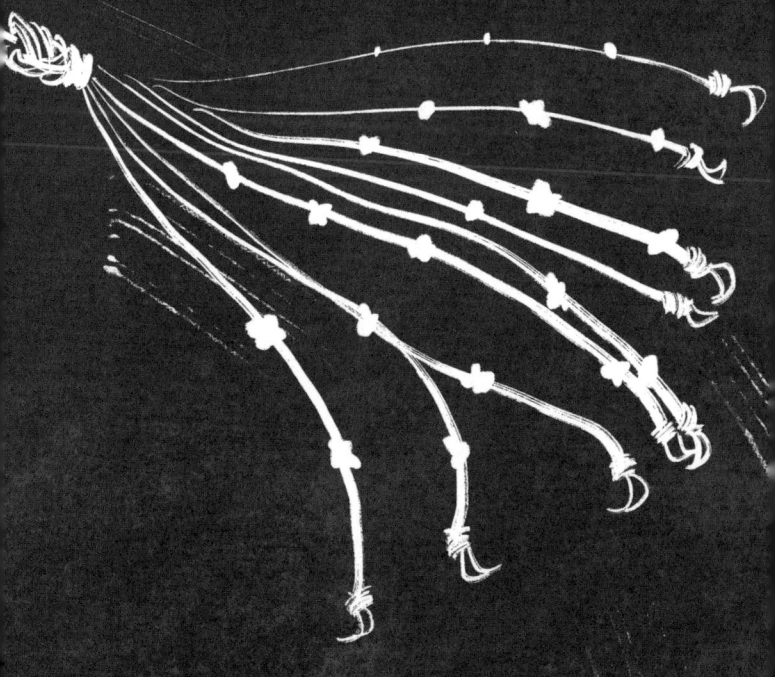

所以与其挥舞鞭子,
还不如说是将钩子和铁片
反复的插入和划开在身上吧!

그래서 채찍을 휘두른다기보다
'꽂고' '뜯어내다'를 반복했겠지.

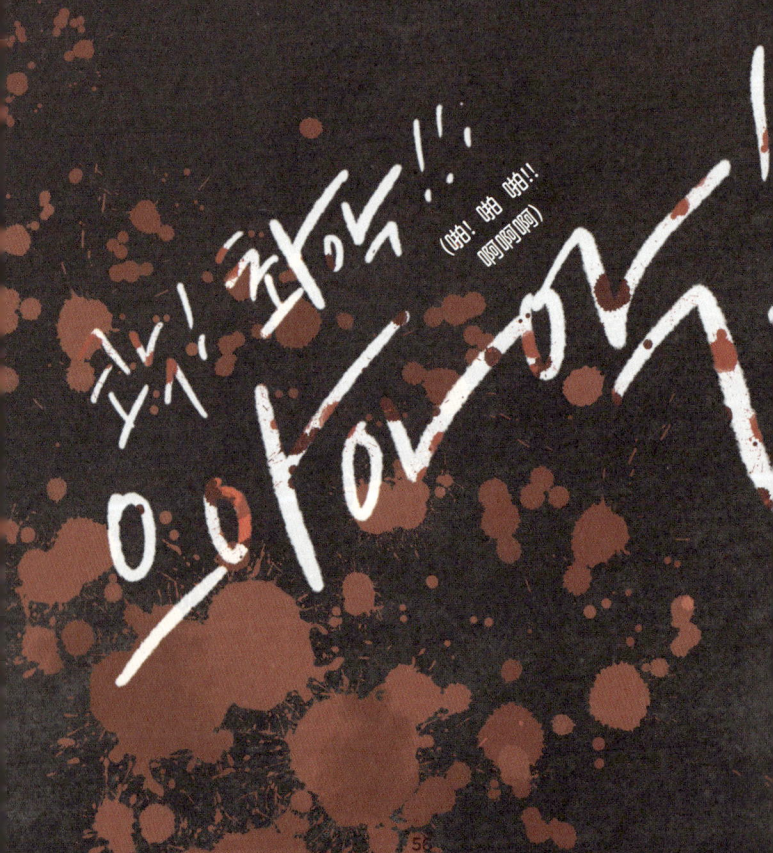

鞭策之后,
又将快气绝的人再次绑到十字架上!

채찍질 때문에 이미 시체에 가까워진 사람을
이제 십자가에 매다는데

然后直到断气的那一刻为止。

그 상태로 높이 매달아 죽을 때까지 내버려 두지.

这时因为身体的重量往下倾斜,
导致肩膀脱臼,

이때 아래로 쏠리는 몸의 무게 때문에
어깨는 탈골되고

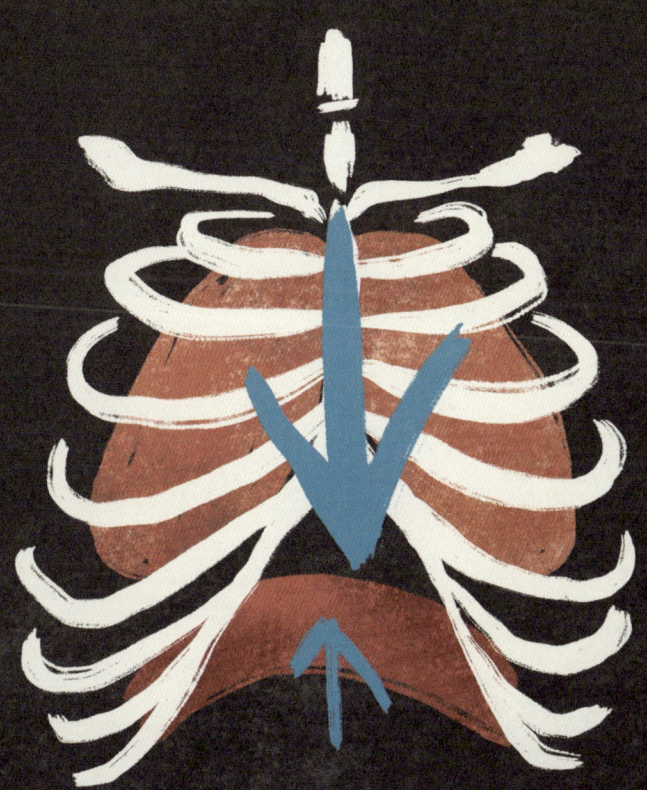

**且据说因为流血的原因,
时常会发生休克现象,**

그리고 어마어마하게 흘린 피 때문에
쇼크를 계속 겪는다고 하네.

之后就在那个状态中慢慢地死去。

그리고 그 상태에서 아주 천천히 천천히 죽음을 맞이하지.

**据说到断气为止,
要反复大概休克1000次左右,
是我们难以想象的痛苦。**

죽을 때까지, 1000번 정도 기절을 반복한다고 하니
그 고통의 크기는 짐작도 어렵지.

这个男人到底是谁呢?

도대체 이 남자는 누구일까?

为什么会遭遇这种待遇呢?

왜 이런 죽음을 당했던 걸까?

那个男人在介绍自己的时候说叫
"耶稣"。

그 남자는 자신을 '예수'라고 소개했어.

并说自己就是"神之子"。

그리고 자신이 '신의 아들'이라고 말했지.

这是关于上帝之子耶稣基督的喜讯的开始。
(马可福音1章1节)

하나님의 아들 예수 그리스도에 대한 기쁜 소식의 시작이다.
(마가복음 1장 1절)

神的儿子来到这片土地的目的只有一个，

그 신의 아들이 이 땅에 내려온 목적은 단 하나였어.

就是解决我们生活中"罪"和"死亡"的问题!

우리 삶에 있는 '죄'와 '사망'의 문제를 해결하는 것!

耶稣, 还有我们的"罪与死" 是什么关系呢?

예수, 그리고 우리의 '죄와 사망' 이 모든 것은 어떤 관계일까?

从上本书中可以发现我们的心绝对是向着恶的吧?

우리의 마음은 절대적으로 악을 향해 있다는 걸 지난 책에서 보았지?

我可以通过小孩子来证明
这个事实。

나는 그 사실을 아이들을 통해서도
확인할 수 있다고 봐.

像让步, 关怀, 照顾之类的事情,
应该一一教

양보, 배려, 돌봄 같은 일은 하나하나 가르쳐야 하는데

即使不教小孩子有关讨厌,
占有欲, 刁难等不 好想法的时候也会
很自然而然地生成。

미움, 욕심, 괴롭힘은 가르치지 않아도 자연스레 나오지.

我们不都也一样吗？
爱他人的话需要付出，但憎恶他人的时候就会自然的表露出来。

우리도 마찬가지 아니겠어?
사랑엔 노력이 필요하지만, 증오는 자연스러운 것처럼.

为什么我们从小就自带不好的想法呢?

어쩌다 우리는 이런 태생적인 악함을
가지게 되었을까?

这就是所谓的选择的结果。

이것은 바로 선택의 결과였어.

上帝是以被爱的对象来造人

하나님은 사랑의 대상으로 인간을 만들었고

因为没有自由选择的爱不叫爱

선택의 자유가 없는 사랑은 사랑이 아니기에

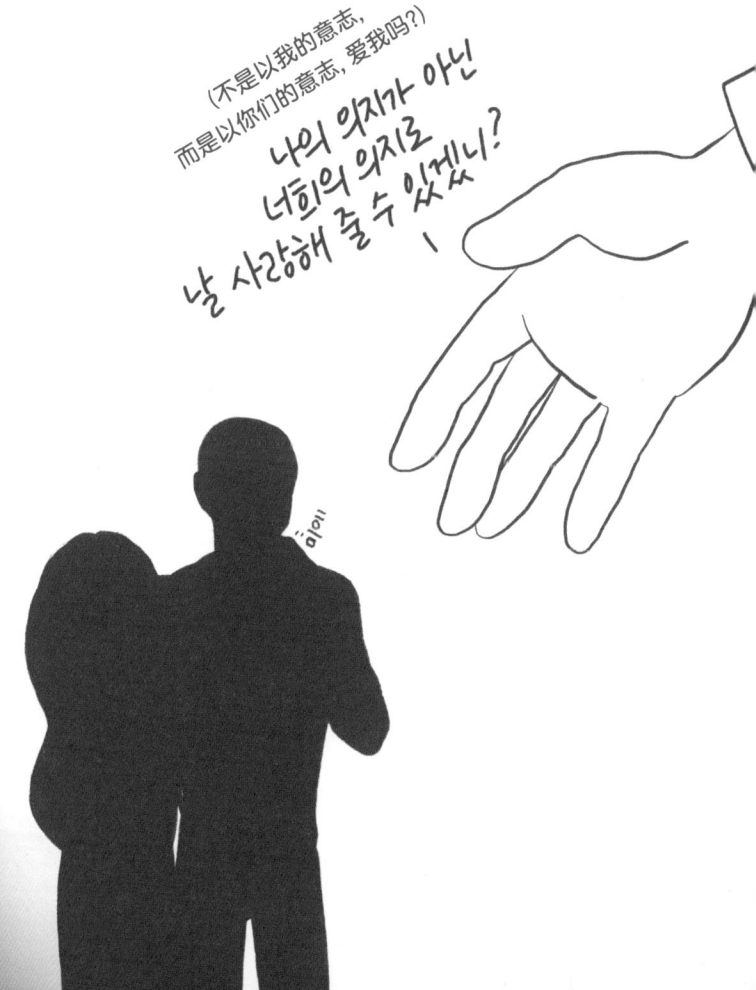

但人类却借该自由选择了,

그런데, 그 자유로 사람이 선택한 것은

去觊觎神的位置的丑恶面貌,

그 신의 자리마저 노리는 추악함이었어.

至此，我们因我们错误的
选择犯下的罪而生活。

그것을 계기로 우리는 우리가 선택한 죄 가운데
살아가게 되었지.

同时,我们也必需承担犯罪之后的代价。

그리고 동시에 우리는
이 죄의 결과물을 떠안게 되었어.

那就是死亡。

그건 바로 죽음이야.

因为我们在犯了罪的
同时也拒绝了给予我们生命的神。

우리에게 생명을 주었던 신을 죄를 통해 거부했기 때문이지.

**但是，这死亡并不只是说
单单纯纯的离开这个世界。**

그런데, 이 죽음은 단순히
이 세상을 떠나는 것으로 끝나지 않아

我们因为拒绝了以 '善'为本的上帝

'선'의 근거인 하나님을 거부했기 때문에

离开这个世界以后，按照我们的愿望，
应该去一个连'善'字痕迹都没有的地方。

이 세상을 떠난 이후, 우리의 바람대로,
'선'이 흔적조차 없는 곳으로 가야만 하지

没错,不管我们是活着,还是死了,
都要在"罪和死亡"的挣扎中度过。

그래, 우리는 살아서도 죽어서도
'죄와 사망' 때문에 허덕이며 살아야 돼.

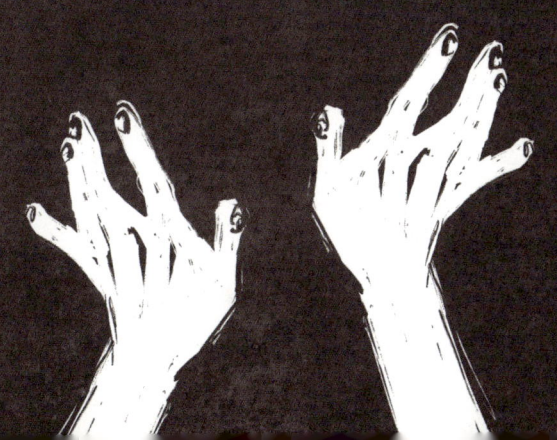

不能就睁一只眼闭一只眼吗?

그냥 인간의 잘못을 없던 거로 할 순 없을까?

不可以那样,一旦默允罪的话,
那就会产生其他的罪。

그럴 순 없어. 죄를 묵인한다면
그건 또 다른 죄를 낳는 거니까.

**所以人们必须为自己的
选择付出代价。**

그래서 사람들은 자신의 선택에 대한
대가를 반드시 치러야만 했지.

那就没有办法摆脱这令人心痛的办法吗?

이 가슴 아픈 상황을 벗어날 방법은 없었을까?

办法只有一个。

딱 하나, 방법이 있었어.

小组分享
소그룹 나눔 질문

- 如何看待"我内心有我无法自我控制的恶"这句话?
  내 안에 내가 어찌할 수 없는 악한 마음이 있다는 말을 어떻게 생각하는가?

- 说说对两千年前的十字架事件的真实感受。
  이천 년 전의 사건인 십자가에 대한 솔직한 생각을 말해보자.

- 你真的认为十字架事件和我有关联吗?
  정말 나와 관련이 있는 일이라고 생각되는가?

3篇
3부

**当我了解到耶稣所做的事情时,
我心中最大的反应是'他为什么要那么做?'.
到底为什么?**

내가 예수가 한 일에 대해서 알게 되었을 때
내 안에 가장 크게 떠오른 외침은 '왜?'였다. 도대체 왜?

**神之子为何要那么做? 为什么要做亏本生意呢?
为什么他要解决别人所犯下的错误呢?**

신의 아들이 그럴 필요가 뭐가 있지? 너무 손해 보는 장사 아닌가?
왜 남의 잘못을 본인이 해결하려 한 거지?

**这其中的问题没有一个是我能理解的.
不管我怎么想,都觉得耶稣都没有必要要去那么做.**

그 어느 것 하나 이해되는 것이 없었다. 아무리 생각해봐도
예수가 그렇게 행동해야 할 이유가 없었다.

但是静下心来一想,好像是因为我从来没有得到过这种爱.

그런데, 가만 생각해보니 내가 이런 사랑을 경험한 적이 없기 때문인 듯하다.

**因为我从来没有不付出任何代价,
去爱过一个人,也没有得到过如此般的爱,
所以很难去接受耶稣给予的这份爱.**

나는 대가 없이, 있는 그대로 누군가를 사랑해본 적도,
내가 그렇게 사랑받아 본 적도 없었기 때문에
그 말도 안 되는 사랑을 납득하기 어려웠던 것 같다.

因此圣经将这份爱称为"恩典". 恩典指的是"给予没有资格的人".

그래서 성경은 이 사랑을 '은혜'라고 설명한다.
은혜는 '자격 없는 자에게 주어진 것'을 뜻한다.

有个小区里有一
条非常凶的狗。

동네에 아주 사나운 개 한 마리가 매여 있었어.

哥哥和弟弟走在小区路上，
爱开玩笑的弟弟对狗开了个玩笑。

형과 동생이 길을 가다가
장난기가 발동한 동생이 개에게 장난을 쳤지.

弟弟在偷猛犬的骨头的瞬间,

그러다 동생이 맹견의 뼈다귀를 훔친 순간

在猛犬的起强烈的挣扎下绳子松了。

맹견의 줄이 풀리고 말았어.

猛犬开始凶猛地追赶兄弟俩。

맹견은 형제를 격렬하게 쫓았어.

哥哥边跑边大声叫弟弟赶紧扔掉手上的骨头,

형은 동생에게 뼈다귀를 던지라고 소리쳤지만

但弟弟由于受到惊恐和过于紧张，
握着骨头的手始终没有松开。

너무 놀라고 긴장한 나머지
뼈다귀를 쥔 손의 힘이 풀리지 않았지.

在这期间,
猛犬几乎都快跟上脚后跟了。

그리고 그사이 맹견은 거의 뒤꿈치까지 따라붙었어.

见情况不妙,

그러자

哥哥抢了弟弟手中的
骨头并开始往反方向跑。

형이 뼈를 빼앗아 반대 방향으로 뛰기 시작했어.

猛犬猛烈地追赶哥哥后,

맹견은 형을 격렬하게 쫓아가

哥哥却无情地被猛犬撕咬了。

형을 사정 없이 물어 뜯었어.

这就是神和他的
儿子选择的方式。

이게 바로 신과 그의 아들이
선택한 방법이었어.

如果只能处罚人类所犯下的罪话,

인간이 지은 죄를 처벌할 수밖에 없다면

将那罪转交给神之子后,

그 죄를 신의 아들에게 옮긴 뒤,

**但替代那罪的代价绝对
不是那么的简单。**

그런데 그 죗값은 절대 간단하지 않았어.

因为要对世上所有人类的
罪都付出代价。

세상 모든 인류의 죄에 대한 값을 치러야만 했거든.

因此耶稣接受了人类所能承受的
最可怕的痛苦。

그래서 예수는 인간이 받을 수 있는
가장 끔찍한 고통을 받았던 거야.

所以我们该付的罪的代价也被取代,

그렇게 우리의 죄에 대한 값이 대신 지불되었고

**最终我们得以摆脱
罪人的身份。**

드디어 우리는 죄인이라는 신분을
벗어나게 되었어.

耶稣为了证明该事实

예수는 그 사실을 증명하기 위해

死后的第3天复活了,

죽은 지 3일 만에 부활한 몸으로 나타나서

告诉我们'死亡'已经被他克服了。

'사망'이 극복되었음을 우리에게 알려줬어.

虽然我们依旧怀有恶意,

그래서 우리는 여전히 악하지만

难以接受的恐惧也逐渐消失,

용납받지 못할 거라는 두려움이 사라지게 되었고

但肉体上的死亡却还在等待着我们。

여전히 육체적 죽음이 우리를 기다리고 있지만

好比耶稣会复活一般,
因为知道死亡并不是终止,
所以对死亡的恐惧感也会随之减少。

예수의 부활처럼 그 죽음이 끝이 아님을 알기에
두려움을 덜 수 있게 되었지.

小组分享
소그룹 나눔 질문

- 对你来说"我不因我的恶意而受到处罚"的事实, 有什么意义呢?

  '나는 내 악함으로 인해 처벌받지 않는다'는 사실이 나에겐 어떤 의미가 있을까?

  _____

  _____

- 对你来说"我不是一个即逝的人物, 而是和耶稣一起复活的存在"的事实, 有什么意义呢?

  '나는 소멸하는 존재가 아니라 예수와 함께 부활하는 존재가 되었다'는 사실이 나에겐 어떤 의미가 있을까?

  _____

  _____

- 让我们一起分享耶稣来到这片土地的理由和被钉十字架之前所经历的身体和心理上的痛苦吧。

  예수님이 이 땅에 오신 이유와 십자가에 매달릴 때까지 겪으셨을 신체적, 심리적 고통에 대해 함께 나눠보자.

  _____

  _____

니篇
4부

"孩子,是妈妈!刚刚我差点出了大事!" "怎么了?"
"手机掉地上我想去捡的时候,差点被车撞倒" "是吗? 没出事故吧?"
"妈没事,可是有个年轻人想帮妈捡来着,结果出了车祸!"
"真的吗? 那个人伤得严重吗?"

"엄마다! 얘, 방금 큰일이 났었어!" "왜요?"
"내가 떨어뜨린 핸드폰을 줍다가 차에 치일뻔했지 뭐니?" "정말요? 사고 안 났어요?"
"엄마는 안 났는데, 글쎄 어떤 청년이 엄마를 도우려다가 대신 사고가 나버렸어!"
"정말요? 그 사람, 많이 다쳤어요?"

如果接到这样的通知,我们将不顾一切地赶住那年轻人住院的医院。
因为是发自内心的感谢,感激他。

이런 연락을 받는다면, 우리는 만사를 제쳐놓고 그 사람이 입원한 병원으로 달려갈 것이다.
정말 감사하고, 정말 고마우니까.

如果遇到那个住院的年轻人时,会立马跑过去握着他的手慰问。

병원에 입원해 있는 그 청년을 만나게 된다면 달려가서 손을 붙잡고 물을 것이다.

"您还好吗?" "啊…我很好…虽然受了点伤,但没关系。"
"真的非常感谢您。除了感谢还是感谢。" "不不,那是我应该做的。"
"我可以为您做点什么呢? 您想要什么就尽管说吧!"

"괜찮으세요?" "아, 네… 좀 다치긴 했는데, 괜찮습니다."
"정말 정말 감사합니다. 무슨 말을 드려야 할지 모르겠어요." "아닙니다. 마땅히 할 일인데요."
"제가 무엇을 해드리면 좋을까요? 원하시는 거 말 만하세요!"

然后我会集中精力耐心等待从他嘴里说出的话。
不管他说什么,我都尽全力的为了那句话去做。

그리고 나는 그 입에서 나오는 말을 내 온 집중을 다 해 기다릴 것이다.
그리고 무슨 말이 나오든지 그 말을 위해 내 삶을 던질 것이다.

因为除了感谢还是感谢。

정말 감사하고, 정말 고마우니까.

**耶稣将复活的感动作为
礼物送给我们之后,**

예수는 이 부활의 감격을 우리에게 선물해준 뒤

并做了极其重要的嘱托。

아주 중요한 당부를 하셨어.

"互相爱对方吧。"

"서로 사랑해라."

"你们要知道自己有多坏的话"

"너희가 얼마나 악한지 깨달았다면"

"如果意识到我独
自承担了这一切的话"

"그리고 내가 그 모든 것을 감당했음을 깨달았다면"

"就像我对你们的爱, 互相爱对方吧"

"내가 너희에게 했던 것처럼 서로 사랑해 주렴"

**更加了解爱我们的上帝，
跟着爱一起爱身边的邻居。**

우리를 사랑한 하나님을 더욱 알아가고,
그 사랑 따라 이웃을 사랑하는 것.

这就是耶稣送给我们的,
上帝的国度。

이것이 예수님이 우리에게 선물한 하나님 나라야.

**在这期间我们为了寻找连
自己都不知道的幸福而徘徊,**

그동안 우리의 삶에서
나 자신도 모르는 행복을 찾아 헤매고

在那期间又因
自己所犯的罪受折磨

그 와중에 발견되는 내 죄 때문에 괴로워하고

在夺走一切的死神面前,
恐惧中挣扎而活

모든 것을 앗아가는 죽음 앞에서
공포에 떨며 살았다면

在耶稣赋予我的，
神的国度里，

예수가 선물한 하나님 나라 안에서는

因生命中最大悲惨的消失
的所带来喜悦和将这

내 삶에서 가장 큰 비참함이 사라졌다는 기쁨과

一切以毫无代价地给予我的感激

그 모든 것이 나에게
대가 없이 주어졌다는 감사함 때문에

因为感谢上帝的恩典,
我也给予他人没有代价的善心

그 은혜가 감사해서 나 또한 대가 없는 선을 베풀고

为善者所乐,

그 선을 베풀어 주신 분을 기뻐하며

依旧活在黑暗中的人们

여전히 어둠 가운데 있는 사람들에게

为了告诉大家该好消息而活

이 기쁜 소식을 알리며 살아가게 되는 거지

虽然我们的生活还
会遇到各种大小问题,

물론, 여전히 여러 가지 삶의 문제 속에 살고 있지만

在各种大小问题上发现的
上帝国度踪迹的时候

그 문제 속에서 발견하는 하나님 나라의 흔적을 보고

就有可以重新振作
起来生活的希望。

다시금 힘을 내서 살아갈 수 있다는 것.

而且，我们可以完全期待
一个完整的上帝国度。

그리고 언젠가 우리에게 올
완전한 하나님 나라를 기대할 수 있다는 것,

**这就是耶稣为了送我们而用
自己的血买下的礼物,**

이것이 바로 우리에게 주기 위해
당신의 피를 주고 산 예수님의 선물이야.

重要的是耶稣比你
更了解你的黑暗,

무엇보다 그 예수는
너보다 너의 어둠을 더 잘 알고 있고,

同时也爱你
"现有的样子"

동시에 너를
'있는 그대로' 사랑한 분이라는 걸

我想跟你分享

너에게 알려주고 싶어.

Fin.

小组分享
소그룹 나눔 질문

- 我内心对耶稣用自己的血送我们礼物的事实有感触吗?

  내 안에는 이 사실에 대한 감격이 있나?

  _____

  _____

- 礼拜和赞美的真正原因是什么?

  예배하고 찬양하게 되는 진짜 이유는 뭘까?

  _____

  _____

- 就算现在我不因我的恶意而受到处罚, 为什么也不随心所欲呢?

  내 악함으로 이제 내가 처벌받지 않음에도 왜 내 맘대로
  행동하지 않게 되는 걸까?

  _____

  _____

추천사

'딱딱하다'라는 신앙의 선입견을 예쁘게 만져 부드럽게 바꿔주는 책. 나보다 나를 잘 아시는 예수님처럼 나의 눈높이에 맞춘 친절한 책. 굳어 버린 이 시대에 천천히, 우연히, 그렇게 자연스레 선한 영향력을 흘려주는 책.

김상진 • 유튜브 채널 '이십세 상진' 운영자

전 권 이상으로 후속작인 이 책도 추천할 만하다. 1권이 세상에 대한 기독교의 진단이었다면 이 책은 기독교의 처방에 해당된다. 죄와 공허에 빠진 우리를 위해 하나님은 무엇을 하셨는가? 어려운 질문에도 저자는 쉬운 언어와 귀여운 캐릭터로 답한다. 만약 기독교인이 무엇을 믿는지 알고 싶다면 먼저 이 책을 읽어 보라. 다른 이에게 복음을 전하려는 분들에게도 강력 추천한다.

오성민 • On the road to Damascus 대표

책을 읽어 내려가면서 시종일관 가슴이 뛰고 눈이 번쩍 뜨인다. 귀여운 그림체가 마음을 열게 하고 복음의 진수가 튀어나와 카운터블로를 날린다. 저자의 표현은 간단하고 명료하지만 오랜 시간 한 영혼을 붙들고 울었던 시간이 고스란히 담겨 있어서 읽는 이들의 마음을 흔든다. 복음의 본질을 어떻게 전달할지에 대한 고민을 멈추지 않고 의연하게 걸어가는 저자의 길에 찬사를 보내며 이 책을 강력히 추천한다.

우성균 • 행신침례교회 부목사

여기 아름다운 이야기가 있다. 구세주의 사랑 이야기다. 그 이야기는 언제나 나를 놀라게 한다. 믿기지 않는데 믿겨져서 놀랍고, 익숙한데 늘 새로워서 더욱 놀랍다. 구세주의 사랑 이야기는 아름답고 사랑스럽게 우리에게 전해졌으며, 우리 또한 그렇게 전해야 한다. 세상에서 가장 감미로운 예수님이 어떠한 분이시고 무엇을 하셨는지에 대한 이야기이기 때문이다. 저자는 예수님이 내게 다가오신 것처럼 가르치려고 하지 않으면서도 설득력 있는 글과 그림으로 독자들에게 다가선다. 이 책은 잘 숙성된 포도주 한 잔을 시음한 기분이다. 세상에서 가장 감미로운 분의 아름다움을 이 책을 통해 다시금 맛보고 즐기며 느낄 수 있기 때문이다. 허나 화장실에서만 읽기에는 너무나 감미로운 책이다.

이동준 • 푸른나무교회 담임목사

시대가 변함에 따라 편히 볼 수 있는 SNS가 우리 삶에 깊숙이 들어오게 되었다. 페이스북, 트위터, 인스타그램, 유튜브와 같은 매체들은 우리에게 끊임없이 흥미롭고 가벼운 이야기들을 들려준다. 그래서 사람들은 소화하기 어려운 깊고 무거운 것보다 점점 얕고 가벼운 이야기들을 소비하려 한다. 자연스럽게 인간의 삶과 죽음, 그 이후에 대한 깊이 있는 고민과 성찰의 시간은 자연스레 줄어들었다. 그러나 이 책은 깊고 무거운 것과 얕고 가벼운 것 사이의 간극을 잘 메꾼다. 재치 있는 글과 귀여운 그림으로 우리 곁에 다가와 삶의 이야기를 나누며 흥미를 불러일으키지만, 그것으로 끝내지 않고 인생의 깊은 이야기들을 꺼낼 수 있게 해 준다. 결국 우리에게 궁극적으로 필요한 것, 곧 복음의 필요성을 깨닫게 해 주는 책으로 신자와 비신자 모두에게 이 책을 통해 따뜻한 위로와 강력한 결단을 맺게 해 줄 것이다.

최진헌 • 전도사, 유튜브 채널 '헌이의 일상' 운영자

똥기 2탄
똥 싸면서 읽는 예수님 이야기(한중판)

초판 1쇄 인쇄　2021년 10월 8일
초판 1쇄 발행　2021년 10월 15일

지은이 차성진
그린이 이단비
펴낸이 정선숙

펴낸곳 협동조합 아바서원
등록 제 274251-0007344
주소 경기도 고양시 덕양구 삼원로51 원흥줌하이필드 606호
전화 02-388-7944 **팩스** 02-389-7944
이메일 abbabooks@hanmail.net

ⓒ 협동조합 아바서원, 2021

ISBN 979-11-90376-43-3(03230)

잘못 만들어진 책은 구입한 곳에서 교환해 드립니다.